AF483003

MISSION DE LA CHINE

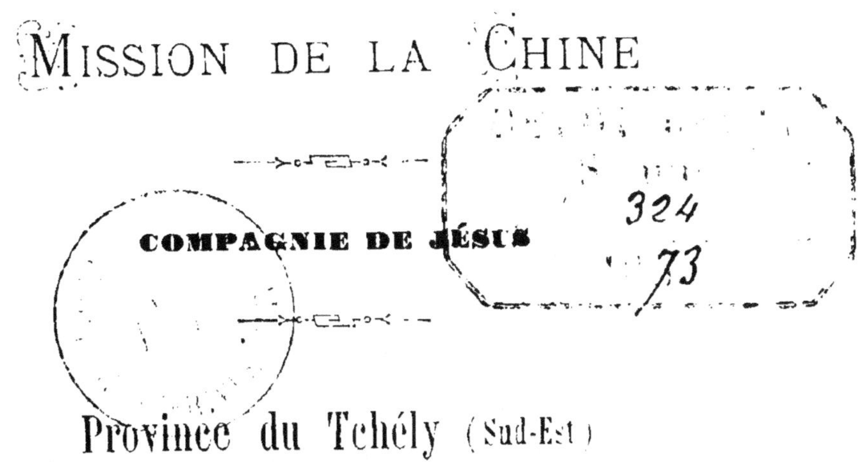

COMPAGNIE DE JÉSUS

Province du Tchély (Sud-Est)

Plusieurs personnes désireuses de secourir les missions lointaines de la Chine, et de s'associer par leurs aumônes aux travaux des ouvriers évangéliques, regrettent de ne pouvoir contribuer selon leurs vœux à ce glorieux apostolat, parce qu'elles ignorent ou la nature des dons qu'elles pourraient faire, ou les œuvres qui méritent d'attirer davantage leur attention.

Ces regrets, qui nous ont été exprimés en diverses circonstances, nous ont décidé à donner succintement un aperçu des principaux moyens d'apostolat employés par les missionnaires et une liste des objets demandés plus souvent et plus instamment par eux.

Toute personne désireuse de leur venir en aide, pourra faire son choix et appliquer selon son attrait ses aumônes à telle œuvre ou à tel objet, assurée qu'elle sera toujours de contribuer par ce moyen très-efficacement à la conversion de ces peuples infidèles.

I. ŒUVRE DES CATÉCHISTES.

En dehors des missionnaires proprement dits et des séminaristes, pour lesquels la Propagation de la Foi ne peut jamais allouer qu'une somme insuffisante, l'œuvre des Catéchistes mérite d'occuper le premier rang.

Reçus dans des écoles spéciales et formés à l'apostolat par des hommes habiles, les catéchistes deviennent comme le bras droit du missionnaire. En effet, que peut, sans ces pionniers de l'Evangile, un pauvre missionnaire venant d'Europe? Sa qualité d'étranger suffit presque déjà pour en éloigner les Chinois. Il ne connait bien ni leur langue ni leurs usages. Aussi le plus souvent les païens ne viennent le voir ou l'entendre que par pure curiosité. Les catéchistes, au contraire, peuvent aller partout sans exciter l'étonnement. On les écoute volontiers, et il leur est facile de faire pénétrer les vérités de la foi dans l'esprit et dans le cœur de leurs compatriotes. Il en est qui, après quelques mois d'excursions, présentent des listes de plus de deux cents catéchumènes. Ce sont eux encore qui dirigent les écoles de garçons établis dans les districts.

Que serait-ce si la mission était parcourue en tout sens par ces intrépides zélateurs devenus plus nombreux! Combien de centaines de familles leur devraient le bienfait de la foi et du salut éternel!

Or, ces écoles de catéchistes, où l'on reçoit des jeunes gens de dix-huit à vingt-cinq ans, sont entièrement à la charge de la mission, qui doit en outre pourvoir à leur entretien dans les districts dès qu'elle les y envoie.

Les frais s'élèvent à 200 francs par an, pour chaque catéchiste.

Combien il serait utile à la mission et méritoire devant Dieu, de se faire ainsi représenter par l'entretien d'un ou de plusieurs de ces ouvriers dans la grande lutte de l'apostolat actif.

II. VIERGES CATÉCHISTES, BAPTISEUSES
ET MAITRESSES D'ÉCOLE.

Pour bien comprendre l'importance de cette seconde œuvre, il faut se rappeler en premier lieu que l'éducation même élémentaire de la femme telle qu'on l'entend en Europe, n'existe pas en Chine, sauf de rares exceptions dans les grandes familles. D'où il suit que les vierges chrétiennes qui joignent à une piété solide et à un vrai dévouement une certaine instruction, sont regardées comme une espèce de merveille, principalement dans les campagnes où elles exercent une très-salutaire et très-grande influence.

En second lieu, d'après les coutumes chinoises, la femme est tenue à la plus grande réserve et doit rester dans l'intérieur de la famille. Elle ne peut paraître devant un homme, celui-ci fut-il un ami de la maison. De là une très-grande difficulté pour le missionnaire d'exhorter et d'instruire les femmes païennes lors même que leurs parents ou leurs maris auraient embrassé la foi.

Les vierges chrétiennes, au contraire, arrivées à un certain âge, quand elles sont ferventes et poussées par l'amour de Notre-Seigneur, s'enhardissent peu à peu et finissent par mépriser le *qu'en dira-t-on*. Envoyées dans les centres de chrétiens ou de catéchumènes, elles ouvrent une école pour les petites filles, instruisent les femmes chrétiennes et païennes, ondoient les enfants en danger de mort, *etc.* Parées de leur modestie et de leur douceur angéliques, vertus que rehaussent encore l'éducation et l'instruction qu'elles ont reçues, les vierges chrétiennes sont les bienvenues partout, et elles réussissent à se faire ouvrir toutes les portes. C'est ce que l'expérience de chaque jour constate chez ces peuples païens, plus encore peut-être que dans notre France, si riche d'ailleurs en ces sortes de secours.

Étonnés tout d'abord, les idolâtres en voyant la modestie, la charité de ces vierges sages, ne peuvent s'empêcher de leur accorder bientôt toute leur admiration ; et ainsi s'opère peu à peu par la charité et l'abnégation de ces saintes filles, la régénération de la femme chinoise qui est, de nos jours encore, au sein de la gentilité païenne, non la compagne mais l'esclave de l'homme.

Quel plus noble but peut être offert à l'émulation des dames chrétiennes et à la répartition de leurs aumônes ?

L'entretien d'une vierge catéchiste est de 150 francs par an.

III. ŒUVRE CATHOLIQUE
DES IMAGES CHINOISES, LEUR DIFFUSION.

On le sait, rien ne contraste avec nos usages européens comme les goûts et les usages de l'extrême-orient ; mais cette différence se remarque surtout en ce qui concerne l'imagerie religieuse.

Nos gravures françaises souvent trop légères dans la forme, ne répondent pas à l'idée que se font ces peuples de la délicatesse des mœurs chrétiennes, ni au genre costumé qui distingue leur imagerie. Pour eux, les moindres nudités sont de mauvais goût, et ils n'en permettent aucune. De plus, les images coloriées ont seules quelque prix à leurs yeux, tandis que chez nous la belle imagerie a répudié ce genre le plus ordinairement.

Un autre motif de leur antipathie, c'est que les inscriptions latines ou françaises qui d'ordinaire accompagnent nos gravures, n'ont aucun sens pour eux, et ne servent le plus souvent qu'à entretenir cette défiance déjà si naturelle à ces peuples pour tout ce qui accuse une provenance étrangère : il faut à ces gravures des textes en caractères chinois expliquant le sujet qu'elles représentent

Enfin, peuple très-superstitieux, honorant toutes sortes de statuettes et d'images diaboliques dans leurs maisons, il lui faut, disent les missionnaires, des images de piété dans chaque famille le jour où elle renonce aux idoles, afin de les mettre en leur lieu et place. « Les femmes surtout, écrit le R. P. Octave, se montrent « récalcitrantes et difficiles à la conversion à cause de « l'attachement qu'elles ont à ces signes païens. Tout « obstacle serait levé et leur opposition vaincue, si l'on « pouvait, par des images assez grandes et bien colo- « riées, compenser le sacrifice qu'elles doivent faire de « leurs ridicules amulettes. »

Pour toutes ces raisons, on a conçu la pensée d'établir une imagerie spéciale, unissant aux exigences du goût chinois, la perfection de nos ouvrages d'Europe ; c'est ici un nouveau genre d'apostolat véritable et à portée de toutes les bourses.

En effet, les prédicateurs de l'Évangile ne peuvent trouver entrée partout; mais de bonnes images faites dans le style et selon le goût du pays, pénètreront dans l'intérieur des maisons et au sein des provinces les plus reculées. En outre, le missionnaire ne peut s'adresser à tous, souvent même il n'est compris qu'à demi, tandis qu'une bonne gravure a un langage que chacun saisit sans peine. Elle parle aux yeux et à l'âme, on la suspend au foyer où amis et voisins la voient et se la font expliquer. C'est une véritable prédication qui prépare les voies aux ouvriers évangéliques.

Telle est l'œuvre que, Dieu aidant, nous avons voulu réaliser.

Une série de planches représentant des sujets appropriés aux besoins spirituels de ces peuples a été exécutée; et afin que cette œuvre ne devînt pas une affaire de spéculation, mais restât selon notre vœu *une œuvre de propagande*, nous avons pris ces planches à notre charge. Aussi, pour se faire une idée du bon marché des tirages, qu'il nous suffise de dire qu'une grande gravure ayant 1ᵐ 10 sur 0ᵐ 65, en chromolithographie, c'est-à-dire parfaitement coloriée revient à 1 fr. 50, déduction faite du prix des planches que nous ne comptons pas; et que le petit format également en chromolithographie, ayant 0ᵐ 50 sur 0ᵐ 30, revient à 50 centimes.

Combien nous désirerions pouvoir les donner gratuilement et par centaines de mille à toutes les missions indifféremment. Sur plus de 350 millions d'habitants, la Chine ne compte encore qu'environ 400,000 chrétiens! En présence de tels chiffres, comment un cœur catholique peut-il rester indifférent?

Ces images seront fidèlement envoyées aux missions auxquelles on voudra les destiner.

IV. CONSTRUCTION DE CHAPELLES.

Il est dit dans la sainte Écriture au Livre des Rois que lors du retour de la captivité de Babylone et de la reconstruction du Temple de Jérusalem, les femmes juives se dépouillaient de leurs parures d'or et d'argent et les offraient avec joie pour la réédification de la maison du Seigneur.

Combien il serait à désirer que les dames chrétiennes de nos jours en fissent autant pour élever à Notre-Seigneur une habitation au milieu de la gentilité!

Voici ce qu'écrivait récemment à ce sujet le R. P. Gonnet, supérieur de la mission du Tchély S. E.; nous transcrivons sa lettre :

« Nous comptons actuellement dans le vicariat 350 paroisses, le plus souvent très-éloignées les unes des autres. Une quarantaine ont une petite église dont les murs sont en terre revêtus de briques à l'extérieur. Elles ont en longueur de 12 à 15 mètres sur 6 à 7 de large. Voilà ce que nous appelons nos basiliques. Chacune d'elles coûte en moyenne 3,000 fr. C'est relativement cher, mais qu'y faire? Les matériaux, bois, chaux, pierres, tout est rare dans notre mission ; tout doit venir des vicariats voisins sur de mauvaises charrettes traînées par des mulets, des ânes ou des bœufs dans les chemins les plus détestables du monde.

« Au second rang viennent de petites chapelles qui ont de 6 à 9 mètres de long sur 3 ou 4 de large, trop petites, hélas ! pour l'auditoire ; nous en comptons ainsi une centaine : elles nous coûtent 800 francs.

« Quant aux autres chapelles ou plutôt aux autres réduits, je n'ose vraiment vous en parler ; le cœur du prêtre se serre de tristesse en voyant dans quels misérables réduits il fait descendre Notre-Seigneur pendant le saint sacrifice. Dans les chrétientés, où il n'y a pas de lieu destiné au culte, le missionnaire se rend ordinairement dans la famille la moins pauvre du village, qui lui prête pour quelques jours une petite cellule la moins malpropre et quelquefois l'unique de la maison. Elle sert à la fois de chambre à coucher, de salle à manger et de chapelle. L'autel est ordinairement une petite table boiteuse et le reste à l'avenant.

« On peut juger si pareille décoration est bien propre

à inspirer aux assistants, la piété et le respect pour nos saints mystères.

« Et cet état durera longtemps encore si on ne vient pas à notre secours. Notre mission qui prend une extension toujours croissante, demanderait un grand nombre d'églises et de chapelles convenables. C'est par les cérémonies religieuses que nous frappons l'imagination de ces peuples : une jolie petite église est toujours l'orgueil de la chrétienté. Oui, quand vous en aurez l'occasion, faites connaitre nos besoins à tant d'âmes ferventes qui désirent faire quelque chose pour hâter le règne de Notre-Seigneur dans cet immense empire de la Chine. Si la somme de 3,000 francs est trop forte pour les ressources d'une seule personne, plusieurs ne pourraient-elles pas se réunir et se cotiser pour ces bonnes œuvres ? Bien entendu que nous serions heureux de donner pour vocables à ces petites églises les noms de saints ou de saintes qu'on nous désignerait, et que missionnaires et chrétiens se feraient un devoir de prier pour les fondateurs et bienfaiteurs. »

(Lettre du R. P. Gonnet.)

V. AMEUBLEMENT DES ÉGLISES.

Comme suite naturelle de l'article précédent, nous donnons ici un aperçu des objets nécessaires à une chapelle, de leurs prix et aussi quelques modèles que nous avons fait faire, ou que nous expédions de préférence en Chine en raison de leur bon marché.

Au premier rang devraient figurer assurément les vases et ornements sacrés ; mais outre que les missionnaires les portent habituellement avec eux, nous n'en voulons doter les chrétientés qu'autant qu'elles deviennent la demeure habituelle du missionnaire ou du prêtre chinois. Ce que nous voulons indiquer ici, ce sont les objets destinés à l'ameublement et à l'ornementation intérieure des églises ; objets de première nécessité et absolument indispensables, si l'on veut donner aux églises ou chapelles ce decorum propre à frapper l'esprit et à attirer les cœurs à Dieu.

Eglise chinoise *(style indigène)* 3000 fr.

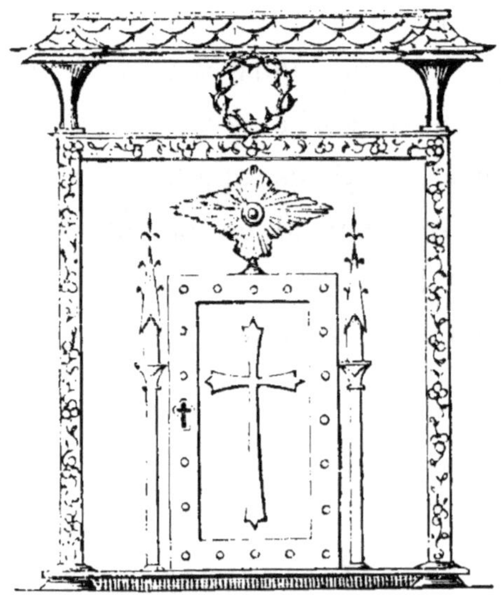

Tabernacle en fer, 40 fr.

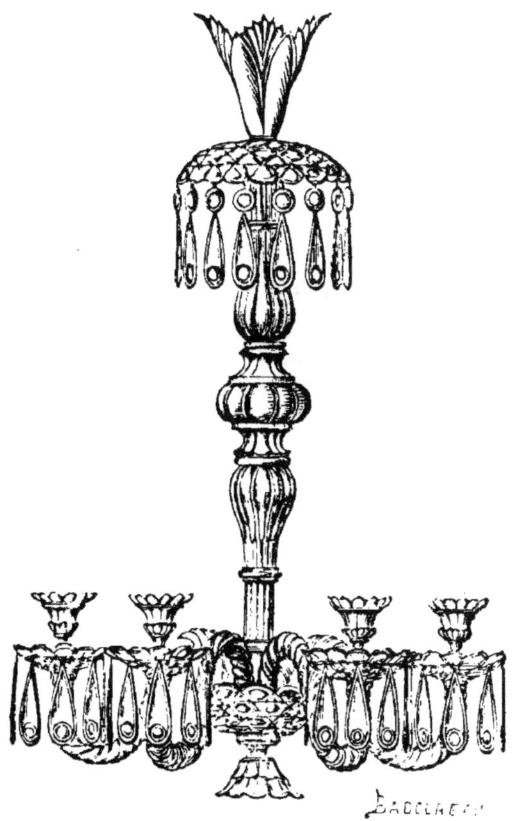

Lustre en cristal blanc et bleu, 6 lumiéres, 50 fr.

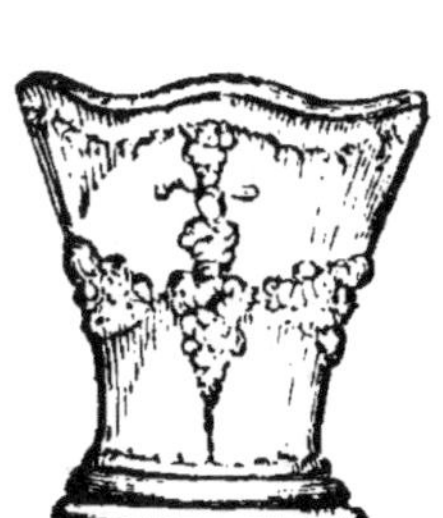

Vases pour fleurs
artificielles,
de **5** à **10** fr. la paire.

Environ 6030 par an.

Fleurs artificielles
non montées,
c'est-à-dire par petites
branches.

Candélabres, 25 fr. la paire.

Lampe d'autel, 20 fr.

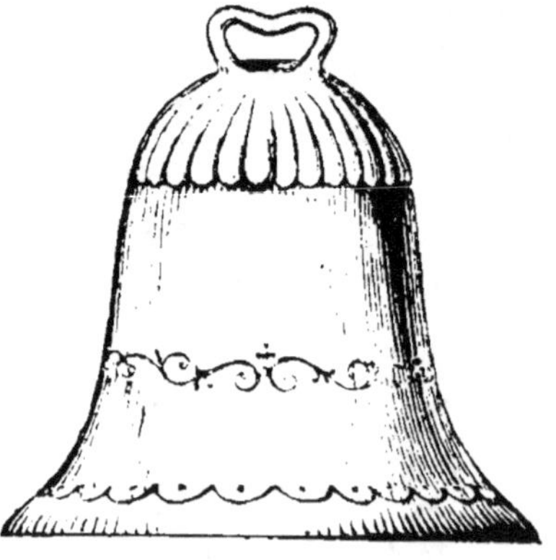

de 30 k⁰ˢ, 100 fr.

10 fr. les 14 gravures.

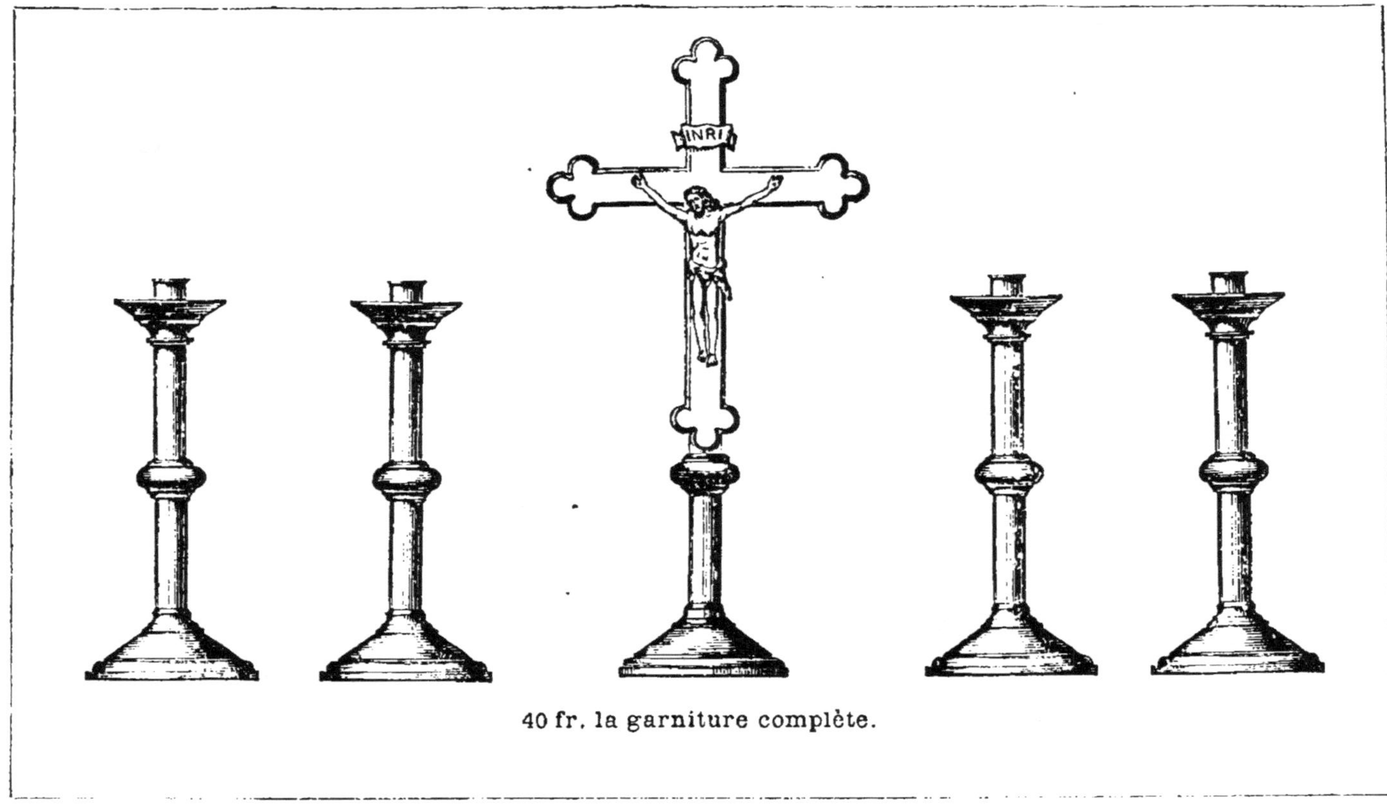

40 fr. la garniture complète.

Nous venons de répondre aux personnes charitables qui désirent faire quelque chose pour les missions de la Chine. Ajoutons un mot. En Europe, et surtout en France, les ressources ne manquent jamais aux œuvres locales : facilement elles se soutiennent et s'alimentent ; mais il n'en est pas ainsi hélas ! des missions lointaines qui regardent la conversion des âmes : et l'on ne comprendra jamais assez les tristesses qui affligent le cœur du missionnaire, lorsqu'il voit sous ses yeux, se perdre, faute de secours, tant de millions d'âmes qui pourraient être sauvées. Et cependant que faudrait-il le plus souvent pour empêcher un tel malheur ? l'argent donné à une bagatelle, à une frivolité. « *Faites-vous des amis dans le ciel*, disait Notre-Seigneur, *afin qu'à votre mort ils vous reçoivent dans les tabernacles éternels.* » Ces amis, quels sont-ils ? tous les infidèles que vos aumônes auront sauvés.

« *Animam salvasti ? Animam prædestinasti.* »

Vous avez sauvé une âme ? la vôtre est prédestinée.

SAINT AUGUSTIN.

NOTA. On est prié d'adresser les dons, paquets ou lettres que l'on destine à cette Mission, à M. HAMANN, Maison St.-Acheul, Amiens (Somme).

2086 — Amiens. Typ. et Lith. Lambert-Prieur.